LA ESPOSA
SE PREPARA

Preparándonos para el Regreso del Señor

LA ESPOSA SE PREPARA

PATRICIA KING

Dedicado a:

Jesucristo

El Rey y Esposo

Reconocimiento

Nadie sobre esta tierra me ha enseñado más acerca del amor que mi esposo, Ron. Nos casamos en 1973 y a través de los años él continuamente ha vivido con amor incondicional.

Gracias, Ron, por ser tú. Gracias por enseñarme lo que se siente ser "atesorada". Gracias por manifestar el amor de nuestro Novio celestial.

Me conociste en mi tiempo de gran desesperación y viste en mí el valor que yo no podía ver en mí durante ese tiempo. Con tu amor me diste vida. "Su grande amor, me levantó... cuando nada más me pudo ayudar, me levantó"... ¡y tu amor todavía lo hace!

Contenido

Una Historia de Amor

La Biblia es una hermosa historia de amor que revela la búsqueda del Padre por una Esposa para Su Hijo. Vemos la historia desarrollarse en el primer libro de la Biblia cuando el Padre dijo en cuanto a Adán, "Y dijo Jehová Dios: No es bueno que el hombre esté solo; le haré ayuda idónea para él" (Génesis 2:18).

A través de las Escrituras vemos cómo continúa este tema hasta llegar a los capítulos finales de la Biblia, que describen a esta Esposa Perfecta que se preparó hasta estar lista. La Esposa añora a su Novio. Su corazón piensa en Él todo el día y ella añora y clama que ya regrese. La Biblia termina con el clamor de la Novia: "*Y el Espíritu y la Esposa dicen: Ven*" (Apocalipsis 22:17).

En la antigua tradición hebrea para las bodas descubrimos una clara analogía de la unión matrimonial de Cristo y de Su Esposa. Descubramos juntos el misterio y la gloria de la Esposa de Cristo.

¿Quién es ésta que sube del desierto,

Recostada sobre su amado?

Cantares 8:5

EL DESPOSAMIENTO

Según la tradición antigua hebrea, el padre escogía quién sería la esposa de su hijo. Aunque se tomaba en cuenta el deseo del hijo, era el padre quien tomaba la decisión final. El hijo entonces iba a ver al padre de la novia para pedir su mano en matrimonio. Llevaba con él tres cosas para presentar al padre:

1. El Precio de la Esposa. El joven llevaba una gran cantidad de oro, plata, joyas o ganado para ofrecer al padre de la hija como el precio que él estaba dispuesto a pagar para comprar a su hija para que fuera su esposa. Este pago se llamaba el "*Mohar*" – en otras palabras, el precio de la esposa.

Desde el momento que un hijo varón nacía dentro de una familia, el padre comenzaba a ahorrar para el precio de una novia y así asegurarse de que su hijo llegaría a tener una esposa de buena cepa dentro de la misma – o aun mejor – clase socioeconómica, para que tuvieran hijos sanos e inteligentes. Si el precio que ofrecía por una esposa era demasiado poco, el padre de la presunta esposa posiblemente se ofendía, siendo que sería una reflexión de la falta de valor de su hija ante los ojos del joven interesado y su familia. Si el padre quedaba ofendido por un precio insuficiente para su hija, podía rehusar entregar a su hija al joven en matrimonio. En ocasiones, si el precio era insuficiente, se negociaba y el padre de la novia le daba al novio oportunidad de regresar en un tiempo posterior con el precio negociado. Si el padre de la novia estaba complacido con la cantidad, entonces oficialmente recibía el precio de la esposa y procedían con lo que seguía.

¿Quién podrá encontrar una esposa virtuosa y capaz? Es más preciosa que los rubíes (Proverbios 31:10).

Jesús pagó el precio extravagante de Su propia vida por ti. Tu Padre Celestial te escogió a ti para que fueras la Esposa de Su Hijo. Cuando Jesús entregó Su vida en la cruz y pagó el precio por tus pecados, Él estaba pagando el precio por la esposa.

Porque habéis sido comprados por precio; glorificad, pues, a Dios en vuestro cuerpo y en vuestro espíritu, los cuales son de Dios (1 Corintios 6:20).

Por precio fuisteis comprados ... (1 Corintios 7:23).

Vivan con temor reverente mientras sean per-
egrinos en este mundo. Como bien saben, ustedes fueron rescatados de la vida absurda que
heredaron de sus antepasados. El precio de su
rescate no se pagó con cosas perecederas, como
el oro o la plata, sino con la preciosa sangre de
Cristo, como de un cordero sin mancha y sin
defecto (1 Pedro 1:17-19 NVI).

Eres tan precioso delante del Señor. ¿Comprendes
cuánto valor tienes? Eres Su "Perla de Gran Precio" por
quien dio Su todo para poderte comprar. Cuando te
mira, Su corazón se deslumbra. Eres tan bello para Él.

2. El Contrato del Matrimonio– La Ley Judía (el
Torah) así como la ley civil, contenía instrucción pre-
cisa y las responsabilidades legales concernientes a las
condiciones para el matrimonio. Además de estas leyes,
el novio preparaba un documento que declaraba los
derechos de su futura esposa y las promesas que él le
daba a ella. El padre de la novia revisaba cuidadosamente cada punto del contrato. Si estaba complacido
con las condiciones y estaba dispuesto a entregar a su
hija al joven en matrimonio, le hablaba a su hija y a
su esposa y compartía con ellas las noticias del desposamiento. Cuando la novia también estaba de acuerdo,
entonces el padre y el novio firmaban el contrato.

Este documento llegaba a ser el convenio oficial y
legal que establecía la relación como un desposamiento

o compromiso matrimonial. El desposamiento era mucho más serio que un compromiso de matrimonio hoy en día. Desde el momento que se firmaba el convenio, la novia y el novio ya estaban comprometidos como marido y esposa, aunque el matrimonio todavía no se había consumado. No se les permitía tener relaciones sexuales antes de la ceremonia de la boda. Aunque la ceremonia y la consumación posiblemente no tomaban lugar hasta dos años después, solo un certificado de divorcio podía diluir la unión una vez que se firmaba el convenio.

El Nuevo Testamento (y todas las promesas en la Biblia) es tu convenio matrimonial y contrato con Jesús.

Que Dios les dé cada vez más gracia y paz a medida que crecen en el conocimiento de Dios y de Jesús nuestro Señor. Mediante su divino poder, Dios nos ha dado todo lo que necesitamos para llevar una vida de rectitud. Todo esto lo recibimos al llegar a conocer a aquel que nos llamó por medio de su maravillosa gloria y excelencia; y debido a su gloria y excelencia, nos ha dado grandes y preciosas promesas. Estas promesas hacen posible que ustedes participen de la naturaleza divina y escapen de la corrupción del mundo, causada por los deseos humanos. (2 Pedro 1:2-4 NTV).

Cuando entiendes que la Biblia revela tu convenio de matrimonio con tu Esposo Celestial, cambia la manera en que la lees. Me acuerdo de cuando yo leía la Biblia como una cristiana recién convertida. Era como una carta de amor de Jesús mismo escrita personalmente para mí. Cada vez que leía la Palabra, contemplaba las promesas que despertaban mi espíritu. Oh, cuán maravilloso era recibir palabras frescas de mi Esposo cada día.

Invita al Espíritu Santo a abrir tus ojos a tu convenio matrimonial divino revelado en las Escrituras. Cada promesa es tuya. Cada bendición es tuya. Jesús quiere que conozcas toda la bondad que Él tiene para contigo. Él es un Novio asombroso y te ha dado absolutamente todo lo que Él tiene.

Pablo oró una oración para la iglesia en Éfeso que es muy poderosa. Invita al Espíritu Santo que haga lo mismo por ti.

Que el Dios de nuestro Señor Jesucristo, el Padre de gloria, os dé espíritu de sabiduría y de revelación en el conocimiento de él, alumbrando los ojos de vuestro entendimiento, para que sepáis cuál es la esperanza a que él os ha llamado, y cuáles las riquezas de la gloria de su herencia en los santos (Efesios 1:17-18).

3. El Odre de Vino. El novio le llevaba un odre de vino al padre de la novia para la "copa de aceptación". Cuando el precio de la novia se aceptaba, y una vez que se firmaba el convenio, el padre de la novia, junto con el novio y su novia, bebían la copa de aceptación. Al beber de esta copa la novia se comprometía en el convenio con este joven. Sellaba el desposamiento. Inmediatamente una trompeta (shofar) sonaba para anunciar el desposamiento.

Y tomando la copa, y habiendo dado gracias, [Jesús] les dio, diciendo: Bebed de ella todos; porque esto es mi sangre del nuevo pacto, que por muchos es derramada para remisión de los pecados (Mateo 26:27-28).

Después del desposamiento, el novio se preparaba para regresar a la casa del padre, y permanecía apartado de su desposada por doce meses, y posiblemente hasta por dos años. No se podían ver sin un chaperón durante este tiempo. El chaperón, también llamado el "mensajero" le llevaba mensajes del novio a su novia y de la novia a su novio. El Espíritu Santo es nuestro Chaperón y Mensajero. Jesús dijo que no nos dejaría solos sino que enviaría al Ayudador (Juan 14:16-17).

Después de que sonara la trompeta, el novio le presentaba a su novia regalos antes de irse, para que ella no se olvidara de él, así como el Espíritu Santo dio regalos (dones) cuando Jesús dejó la tierra para ir al cielo. De acuerdo a la tradición, al dejar a su novia para regresar a la casa de Su Padre, él declaraba, "*Voy para prepararte un lugar, Cuando todo esté listo, volveré para llevarte, para que siempre estés conmigo donde yo estoy.*"

En Juan 14:1-3 Jesús explicó que Él se iba para preparar un lugar en la casa de Su Padre y prometió regresar: "Os tomaré a mí mismo, para que donde yo estoy, vosotros también estéis". Él estaba usando la terminología del matrimonio. Los discípulos lo entendían.

Después de que el novio hacía su proclamación final, dejaba a su novia para regresar a la casa de su padre.

Recuerdo la vez cuando mi esposo se fue a un viaje de pesca por tres días recién después de hacernos novios. Teníamos un mes de noviazgo y estábamos muy enamorados. Cuando se despidió de mí esa mañana, yo pensaba que mi corazón se rompería. Lo extrañé desde el momento que se fue ¡y no lo iba a ver por tres largos días! (No contábamos con celulares en aquellos tiempos.) Durante todo ese tiempo, lo único en lo cual yo podía pensar era en Ron. Él estaba en mi mente desde el momento que me levantaba por las mañanas y estaba en mi mente cuando me acostaba para dormir. Él permanecía en mi corazón durante todo el día. Yo en verdad estaba cautivada en mi amor por él. Cuando regresó, él me dijo que él había sentido lo mismo. A él le encantaban esos viajes, pero no pudo enfocarse en la pesca. Lo único en lo cual podía pensar era en mí.

Así es cómo Jesús se siente acerca de ti. Se ha ido para preparar tu habitación matrimonial. Pensamientos de ti lo consumen. Él está enfermo de amor y apenas puede esperar para regresar por ti, pero no lo puede hacer hasta que el Padre le diga. Totalmente has captivado Su corazón y enfoque.

Él tiene totalmente captivado el enfoque de Su novia, también. Ella está enfocada en él, cuando se despierta y cuando se acuesta. Ella piensa en Él durante todo el día; no porque lo debe hacer a fuerzas, sino porque está sobrecogida de amor. Jesús, Su Novio, es Su enfoque más importante en la vida a causa de su amor por Él.

En Marcos 14:1-9, encontramos a María de Betania derramando sobre Jesús un perfume muy costoso de su frasco de alabastro. Muchos creen que este era su dote y lo único que le daba la posibilidad de llegar a tener un esposo. Estar casada era muy importante para una muchacha judía en aquellos días debido a que los hombres eran los proveedores, protectores y cobertura para las mujeres. Se consideraba una desgracia que las mujeres de edad casadera quedaran solteras o que fueran estériles. Sin embargo, a causa de su profundo amor por Jesús, ella derramó todo lo que representaban sus sueños y su bienestar futuro sobre Él. Ella derramó sobre Él su dote. No le importó lo que otros pudieran pensar. Los que estaban presentes no estaban contentos con lo que ella estaba haciendo, pero eso no le importó a ella. Ella solo tenía ojos para Él. Jesús dijo, "Buena obra me ha hecho ... De cierto os digo que dondequiera que se predique este evangelio, en todo el mundo, también se contará lo que ésta ha hecho, para memoria de ella (Marcos 14:6,9).

El amor matrimonial es tan bello. Cuando te enamoras, no es trabajo enfocarte – es un deleite. No puedes más que hacerlo. No piensas, "Ah, hoy me voy a esforzar a pensar en la persona que amo"". Esto es algo que fluye de tu corazón. Todo gira alrededor de ello. ¿Deseas esta clase de amor por Jesús, tu Esposo? ¿Es algo que atesoras y deseas más que cualquier otra cosa en la vida? Si lo deseas, lo puedes tener. Persigue agresivamente tu deseo de llenarte con el amor matrimonial perfecto. Recibe este amor matrimonial por fe y permite que el Espíritu Santo te transforme. El Señor te concederá los deseos de tu corazón.

Porque donde esté vuestro tesoro, allí estará también vuestro corazón (Mateo 6:21).

Por tanto, os digo que todo lo que pidiereis orando, creed que lo recibiréis, y os vendrá (Marcos 11:24).

La joven novia judía continuamente pensaba en su novio con total entrega porque ella sabía que él regresaría por ella. Se pasaba sus días soñando despierta acerca de su futuro con él. Las inversiones que ella hacía en las preparaciones durante la ausencia de su novio eran extremadamente importantes para su vida juntos. Siempre empoderas aquello en lo cual te enfocas. Si, después de que el novio partiera, ella hubiera vivido egoístamente, pasando el tiempo con sus amigas, y si no hubiera preparado su corazón o se hubiera encargado de los requisitos prácticos, entonces no estaría lista para su novio para cuando él regresara. Cuán lastimado quedaría él en dichas circunstancias.

Asimismo, la Novia de Cristo vive desde una perspectiva eterna. Ella tiene "ojos de paloma" por Jesús su Novio y se prepara para gobernar y reinar con Él para siempre. La inversión de amor que se hace hoy en preparación para Su regreso definitivamente afecta tu futuro eterno. Jesús está regresando por una Novia expectante que añora Su regreso.

La Preparación

El Novio

El novio regresaba a la casa de su padre para edificar una casa para su esposa. Por lo general, ésta era una habitación (chador) que se anexaba a la casa de su padre. La habitación frecuentemente era llamada el "chuppah" (la cama de la luna de miel). Se tenía que construir de acuerdo con las especificaciones de su padre, y el novio no podía regresar por su esposa hasta que el padre lo autorizaba. El padre del novio examinaba la habitación para asegurarse de que estaba bien construida y preparada con excelencia. Durante este período de separación, el padre enseñaba a su hijo cómo ser un esposo, proveedor, protector y padre. La familia del novio también preparaba la cena y la celebración matrimonial que se tendría en la casa del padre del novio. El hijo escogía a su padrino principal y los demás de su cortejo, y se encargaba de que confeccionaran su vestuario para la boda durante este período. Cuando el tiempo era propicio y el novio estaba listo, el padre lo enviaba para recibir a su esposa.

LA NOVIA

Mientras el novio regresaba a casa de su padre para preparar un lugar para sus vidas juntos, la novia también hacía preparativos. Preparaba todo su vestuario, confeccionaba su vestido de novia y los accesorios, escogía su propio cortejo de su boda y se preparaba para su nueva vida. Se hacía el vestido de novia de lino fino, brillante y limpio. Siempre era blanco como señal de su pureza y de que era virgen.

El lino simbolizaba el regalo de justicia que ahora hemos recibido en Cristo

Y a ella se le ha concedido que se vista de lino fino, limpio y resplandeciente; porque el lino fino es las acciones justas de los santos (Apocalipsis 19:8).

Su madre y las mujeres mayores le enseñaban a ser esposa, madre, y guardián de su hogar, así como complacer a su esposo. Durante el desposamiento, la novia se separaba totalmente de todo lo demás y se consagraba para su esposo. Ella no podía tener ojos, o afecto, por nadie más. Ella estaba totalmente apartada para su esposo.

En el cristianismo occidental, hay un desorden marcado en cuanto a estilo de vida, adoración y devoción. Con frecuencia tenemos una mentalidad de "acéptalo tal como es o déjalo" que prevalece en muchos creyentes y escogen un poquito de Jesús y un poquito de esto y un poquito de aquello. Si no hemos apartado por completo nuestras vidas para Él todavía, ya no debemos demorar más. Él viene pronto. Tenemos que estar apartados para Él, porque Él es digno. La Novia de Cristo está en el mundo pero no es del mundo. Ella vive en relevancia con aquellos en su derredor así como Jesús lo hizo en Sus días sobre la tierra y, al igual que Él, ella no hace concesiones ni se compromete solo a medias.

EL TIEMPO PROPICIO PARA EL REGRESO DEL NOVIO

Según la tradición de las bodas, nadie sabía cuándo el novio regresaría por su novia. De hecho, él ni siquiera sabía. Solo su padre podía determinar el momento.

Jesús dijo, "Pero del día y la hora nadie sabe, ni aun los ángeles de los cielos, sino sólo mi Padre" (Mateo 24:36).

El novio hablaba del tiempo cuando había de regresar por su novia solo con su padre. Posiblemente se haya comunicado con su novia en secreto por medio del chaperón/mensajero acerca del tiempo general, pero ella no sabía la hora exacta ni tampoco él. No había invitaciones grabadas elegantes para enviar antes de la boda. Si las personas que planeaban su calendario querían reservar un día para la celebración, tenían un problema. Si alguien le fuera a preguntar al novio cuándo venía por su esposa, él les informaría diciendo, "Solo mi padre lo sabe".

Jesús dejó la tierra para preparar tu lugar, como Su Esposa, en la Casa de Su Padre. Él va a regresar por ti. El día y la hora no conoces, pero tienes que estar listo.

Según la tradición para las bodas hebreas, si el novio regresaba por su novia y si encontraba que ella no estaba bien preparada, si ella había puesto sus afectos en otras cosas, o en otro hombre, entonces se cumplían los requisitos para el divorcio y se suspendía la boda. Tenemos que estar preparados y anticipar de todo corazón el regreso de Cristo. La novia, por lo tanto, tenía que estar en un estado constante de estar ya preparada, no fuera a ser que la llegada del novio la tomara por sorpresa. Con frecuencia ella mantenía una lámpara alumbrada en la ventana junto con un frasco extra de aceite, no fuera a ser que llegara el novio por la noche y encontrara que ella no estaba preparada.

Gocémonos y alegrémonos y démosle gloria; porque han llegado las bodas del Cordero, y su esposa se ha preparado (Apocalipsis 19:7).

Como ladrón en la noche

Según la tradición, el novio solía regresar, sin previo aviso, por la novia durante la noche. Se nos enseña en las Escrituras que Jesús regresará como ladrón en la noche, a una hora que no esperamos.

Ustedes saben perfectamente que el día del Señor llegará como ladrón en la noche (1 Tesalonicenses 5:2 RVC).

Por tanto, estén atentos, porque no saben a qué hora va a venir su Señor. ... Por tanto, también ustedes estén preparados, porque el Hijo del Hombre vendrá a la hora que menos lo esperen (Mateo 24:42, 44 RVC).

La Parábola de las 10 Vírgenes habla sobre la importancia de que estemos listos para ese día.

En aquel tiempo, el reino de los cielos será semejante a diez vírgenes que tomaron sus lámparas, y salieron a recibir al novio. Cinco de ellas eran prudentes y cinco insensatas. Las insensatas, tomaron sus lámparas, pero no llevaron aceite; en cambio, las prudentes llevaron sus lámparas y también vasijas con aceite. Como el esposo se demoró, todas cabecearon y se durmieron. A la medianoche se oyó gritar: "¡Aquí viene el novio! ¡Salgan a recibirlo!" Todas aquellas vírgenes se levantaron, y arreglaron sus lámparas. Entonces las insensatas dijeron a las prudentes: "Dennos un poco de su aceite, porque nuestras lámparas se están apagando." Pero las prudentes les respondieron: "A fin de que no nos falte a nosotras ni a ustedes, vayan a los que venden, y compren para ustedes mismas." Pero mientras ellas fueron a comprar, llegó el novio, y las que estaban preparadas entraron con él a las bodas, y se cerró la puerta. Después llegaron también las otras vírgenes, y decían: "¡Señor, señor, ábrenos!" Pero él les respondió: "De cierto les digo, que no las conozco." Estén atentos, porque ustedes no saben el día ni la hora en que el Hijo del Hombre vendrá (Mateo 25:1-13 RVC).

En esta parábola, había 10 vírgenes que tenían lo siguiente en común:

1. Todas estaban esperando al novio.

2. Todas tenían lámparas.

3. Todas escucharon los gritos a la medianoche.

4. Todas salieron para encontrarlo.

Pero había una diferencia muy significante: Cinco de ellas estaban listas, y cinco no.

Las cinco que no tenían aceite fresco para sus lámparas se fueron rápidamente para conseguirlo a última hora, pero ya era demasiado tarde. Cuando llegaron a la fiesta de las bodas más tarde, después de que hubieran conseguido su aceite, la puerta ya estaba cerrada. Clamaron, "Señor, Señor, abre para nosotras", pero Él les contestó, "No las conozco".

La Novia de Cristo es una virgen sabia. Ella espera a su Novio con aceite en su lámpara.

En las Escrituras, el "aceite" representa la unción del Espíritu Santo quien viene y nos llena hasta rebozar con Su Presencia. La manera más fácil de estar llenos es simplemente pasar tiempo con el Señor. Vemos un retrato de esto en el Salmo 23. El Señor nos da la bienvenida a Su mesa de banquete cuando nos encontramos con Él en comunión íntima. Al hacerlo la Palabra dice que Él derrama aceite sobre nosotros hasta que rebocemos como una copa que se ha llenado hasta rebozar (Salmo 23:5).

Para asegurarte de estar lleno de aceite fresco, pasa tiempo con Dios. Aquí hay tres maneras sencillas de hacerlo cada día:

1. ¡Lee tu Biblia! Las Escrituras son más que palabras impresas en una página, son la revelación del Corazón Viviente de Dios. Al meterte en la Palabra, la Palabra se adentra en ti, llenándote de Su Verdad hasta que rebozas de Él dondequiera que vas.

2. ¡Adora! Cuando alabamos al Señor, estamos volviendo nuestros corazones hacia Él. Nos estamos acercando para declarar nuestro amor y agradecimiento por lo que Él ha hecho y por Quién es. En Santiago 4:8 el Señor promete que si nosotros nos acercamos a Él, Él se acercará a nosotros. Cuando alabamos y adoramos, es como si estuviéramos cantando un entusiasta "¡Sí!" a la invitación del Salmo 23 de ir y sentarnos con Él. ¡No podemos más que llenarnos con Su presencia!

3. ¡Ora! Toda buena relación se edifica por medio de la buena comunicación. La oración es hablar con Dios, compartir tu corazón con Él y tomar el tiempo para permitir que Él comparta Su corazón contigo. Al igual que la adoración, hablar con Dios es acercarnos a Él. Cuando lo hacemos, Él se acerca a nosotros, llenándonos de nuevo con Su presencia. Cuando nos acercamos al Señor en oración, llegamos a ser como Juan el Amado, recostándonos sobre el pecho de Jesús. Tan cerca. Tan íntimo, que podemos escuchar el mismo palpitar de Su corazón – ¡ese corazón glorioso de Él que palpita por cada uno de nosotros!

Llamados y Escogidos

La parábola de la fiesta de bodas:

El reino de los cielos es semejante a un rey que hizo una fiesta de bodas para su hijo. Y envió el rey a sus siervos para convocar a los invitados a la fiesta de bodas, pero éstos no quisieron asistir. Volvió el rey a enviar otros siervos, y les dijo: "Díganles a los invitados que ya he preparado el banquete; que he matado mis toros y animales engordados, y que todo está dispuesto. Que vengan a la fiesta." Pero los invitados no hicieron caso. Uno de ellos se fue a su labranza, otro a sus negocios, y otros más agarraron a los siervos, los maltrataron y los mataron. Cuando el rey supo esto, se enojó; así que envió a sus ejércitos, destruyó a aquellos homicidas, y quemó su ciudad. Entonces dijo a sus siervos: "La fiesta de bodas ya está preparada, pero los que fueron invitados no eran dignos de asistir. Por tanto, vayan a las encrucijadas de los caminos, e inviten a la fiesta de bodas a todos los que encuentren." Los siervos salieron por los caminos y juntaron a todos los que encontraron, lo mismo malos que buenos, y la fiesta de bodas se llenó de invitados.

Cuando el rey entró para ver a los invitados y se encontró con uno que no estaba vestido para la boda, le dijo: "Amigo, ¿cómo fue que entraste aquí, sin estar vestido para la boda?" Y aquél enmudeció. Entonces el rey dijo a los que servían: "Aten a éste de pies y manos, y échenlo de aquí, a las tinieblas de afuera. ¡Allí habrá llanto y rechinar de dientes!" Porque son muchos los llamados, pero pocos los escogidos (Mateo 22:2-14).

Todo creyente es llamado a la boda pero solo los que están preparados son los escogidos. Los que lo aman a Él se prepararán. Ellos desean más que cualquier otras cosa prepararse para Él porque Él es su enfoque. Quieren más que cualquier otra cosa en la vida acercarse a Él. Lo aman a Él más que la misma vida.

Si puedes identificar un deseo para esto, ora y pide al Espíritu Santo que te prepare como la Esposa de Cristo. No puedo hacer suficiente hincapié. El Señor te dará los deseos de tu corazón. Puede que no sientas pasión por Jesús, pero eso no significa que no lo tienes. Identifica tu anhelo más profundo. ¿Es conocerlo a Él? ¿Estar totalmente abandonado en Él? ¿Es de ser Su Esposa? Si estas cosas son tu deseo, las puedes tener todas. El Señor mira a tu corazón. Él te conoce completa e íntimamente. Clama a Él y pídele que te llene con amor fresco por el Novio. Invítalo a llenarte con un corazón de enfoque completo. Si esto en verdad es tu deseo, Su gracia lo hará cumplir en ti. Corre detrás de tu deseo. Lo puedes tener. Sí, puedes. Y lo obtendrás.

La Ceremonia de Bodas

Cuando el padre le decía a su hijo que ya era hora de que recibiera a su esposa, él se vestía en su vestimenta de boda y le hablaba a su padrino principal y a su cortejo. Su familia y sus amistades también se alistaban. El padrino, junto con los demás del cortejo, se le adelantaba un poco al novio y hacían sonar la trompeta (shofar). Esto se llamaba "La última trompeta". Entonces el padrino gritaba, "He aquí, el novio ya viene. ¡Sal a su encuentro!"

En ese momento, la novia y su cortejo rápidamente se vestían. Si estaban dormidas, en el momento que oían sonar la trompeta y el llamado para encontrarse con el novio, saltaban de su cama y se preparaban inmediatamente. Con frecuencia el cortejo (quienes a veces eran las hermanas menores o primas) se quedaban en el habitación de la novia durante los últimos meses mientras ella esperaba a su novio. Ellas tenían la vestimenta de la novia, sus joyas, fragancias, y todo lo que pudiera necesitar para la boda, listas y esperando el momento. Todas sus lámparas estaban preparadas y llenas de aceite fresco.

Cuando se sonaba la trompeta, todo el pueblo se levantaba para celebrar, y, junto con la novia y su cortejo, salían rápidamente para encontrarse con el novio. El novio apasionadamente alcanzaba y arrebataba a su novia y la llevaba a la casa de su padre. Había gran celebración y gozo con gritos, el sonar de la trompeta, cantos y danza.

El padre del novio estaba listo para la celebración. La familia y los amigos del novio ya estaban en la casa del padre esperando a los demás invitados y la llegada de la novia y el novio. Los invitados de la novia, sus amistades y cortejo, se adelantaban a la casa del padre, seguidos inmediatamente por la novia y el novio.

La Coronación

La fiesta bíblica, la Fiesta de las Trompetas (Rosh Hashanah) es conocida como el primer día del año según el calendario judío y se refiere a la Boda del Mesías con Su Esposa. También se conoce como la Coronación del Mesías.

La Biblia habla de siete fiestas. Cuatro de las fiestas se celebran durante la primavera y tres durante el otoño.

Todas las fiestas bíblicas celebradas en la primavera se cumplieron con la primera venida de Cristo en los días exactos de las fiestas. Las fiestas otoñales hablan de Su Segunda Venida. La Fiesta de Pentecostés (la última fiesta primaveral del año) profetizaba el comienzo de la edad de la iglesia. Esto se cumplió en la historia justo en el día de Pentecostés hace unos 2000 años.

Para aquellos que creen en el rapto, la Fiesta de las Trompetas (la siguiente fiesta según el calendario judío y la primera fiesta del otoño) señalaba el Segundo Advenimiento cuando Cristo regresa para raptar a Su Esposa. Esto dará fin a la edad de la iglesia y comenzará la edad del Reino. Significa el comienzo del gobierno de Cristo como Rey. Muchos creen que esto también marcará el comienzo de siete años de tribulación para aquellos que han permanecido en la tierra.

> En un instante, en un abrir y cerrar de ojos, cuando suene la trompeta final. Pues la trompeta sonará, y los muertos serán resucitados incorruptibles, y nosotros seremos transformados (1 Corintios 15:52).

> El Señor mismo descenderá del cielo con voz de mando, con voz de arcángel y con trompeta de Dios, y los muertos en Cristo resucitarán primero. Luego nosotros, los que aún vivamos y hayamos quedado, seremos arrebatados juntamente

con ellos en las nubes, para recibir en el aire al Señor, y así estaremos con el Señor siempre (1 Tesalonicenses 4:16-17).

La Consumación

Después de ser coronados, el novio y su esposa, que todavía llevaba su velo, eran escoltados a su habitación matrimonial (chuppah). Entraban solos para consumar su matrimonio. Una vez que el matrimonio era consumado, el novio anunciaba la consumación a los demás participantes de la fiesta de bodas que esperaban afuera de la cámara. Los invitados, las familias y el cortejo daban gritos de júbilo y celebraban.

El que tiene la esposa, es el esposo; pero el amigo del esposo, que está a su lado y lo oye, se alegra mucho al oír la voz del esposo. Así que esta alegría mía ya se ha cumplido (Juan 3:29).

La celebración de bodas que se tenía en la casa del padre duraba siete días. Es posible que los siete días representen los siete años de tribulación en la tierra, mientras la Esposa raptada está en el chuppah celestial con su Esposo. De acuerdo con la tradición de bodas, la pareja recién casada se pasaba siete días a solas juntos en intimidad sexual. Durante este tiempo se llegaban a conocer mejor y planeaban su vida juntos.

Reconozco que hay una variedad de interpretaciones y resúmenes en cuanto a la escatología bíblica. Hay muchas perspectivas diferentes en cuanto al rapto –o falta de un rapto – y varias perspectivas en cuanto a si el rapto es antes, durante o después de la tribulación. Personalmente he estudiado una variedad de tesis y puntos de vista en cuanto a estos temas durante los años y todos incluyen excelentes argumentos que considerar. Al final de día, todos tenemos que estar de acuerdo en cuanto a una cosa, "¡DIOS SABE!"

A mi parecer, la deliberación principal es que totalmente nos comprometamos a amar al Señor nuestro Dios con todo nuestro corazón, nuestra mente, y nuestras fuerzas, en todo momento. Hace mucho tomé la decisión de seguir al Señor totalmente, en los tiempos buenos o en los malos. Si me encuentro en medio de una cruel tribulación, quiero que mi amor por Dios sea tan apasionado como sería si yo estuviera parada delante de Él en el cielo. Nadie debe vivir una mentalidad de escape sino que deben ser sal y luz donde están plantados sus pies hasta que Él venga, viviendo cada día plenamente por Él. Él está viendo y conoce nuestros corazones. Él es el Dios totalmente sabio, y tiene enteramente bajo Su control los últimos tiempos – ¡y no está preocupado en lo absoluto!

Es posible que haya un rapto de la Esposa de Cristo que sea un paralelo de la antigua tradición de las bodas hebreas. En este caso, nuestro Esposo Celestial vendrá y nos recibirá. Seremos llevados con Él al cielo por un período de siete años. Después de ese tiempo nosotros vendremos con Él y Sus ejércitos celestiales para juzgar a las naciones, establecer Su victoria y gobernar sobre la tierra.

También es posible que no seremos raptados sino que glorificaremos a nuestro Señor por medio de vivir en un compromiso sólido, que no falla en medio de la más grande tribulación que el mundo jamás haya conocido. También hay muchas otras posibilidades propuestas por aquellos que estudian la escatología bíblica. Nuevamente, el punto principal es: vive tu vida en total entrega, pasión y enfoque cada día de tu vida. ¡Él es digno de ello!

Habiendo dicho eso, a mí parecer hay dos venidas del Señor que hay que examinar. Una es el regreso por Su novia cuando ella será *"arrebatada en las nubes ... para recibir al Señor en el aire"* (1 Tesalonicenses 4:16-17). Hay suficiente evidencia en las Escrituras de que los creyentes repentinamente desaparecerán de la tierra durante este tiempo.

Y enviará sus ángeles CON GRAN VOZ DE TROMPETA, y JUNTARÁN A SUS ESCOGIDOS, de los cuatro vientos, desde un extremo del cielo hasta el otro (Mateo 24:31).

Pero del día y la hora nadie sabe, ni aun los ángeles de los cielos, sino sólo mi Padre. Mas como en los días de Noé, así será la venida del Hijo del Hombre. Porque como en los días antes del diluvio estaban comiendo y bebiendo, casándose y dando en casamiento, hasta el día en que Noé entró en el arca, y no entendieron hasta que vino el diluvio y se los llevó a todos, así será también la venida del Hijo del Hombre. Entonces estarán dos en el campo; el uno será tomado, y el otro será dejado. Dos mujeres estarán moliendo en un molino; la una será tomada, y la otra será dejada. Velad, pues, porque no sabéis a qué hora ha de venir vuestro Señor (Mateo 24:36-42).

El segundo regreso se indica en las Escrituras cuando Jesús regresará del cielo a la tierra para juzgar y establecer Su Reino (Apocalipsis 19:11-21).

Cuando el Hijo del Hombre venga en su gloria, y todos los santos ángeles con él, entonces se sentará en su trono de gloria, y serán reunidas delante de él todas las naciones; y apartará los unos de los otros, como aparta el pastor las ovejas de los cabritos. Y pondrá las ovejas a su derecha, y los cabritos a su izquierda. Entonces el Rey dirá a los de su derecha: Venid, benditos de mi Padre, heredad el reino preparado para vosotros desde la fundación del mundo.

Entonces dirá también a los de la izquierda: Apartaos de mí, malditos, al fuego eterno preparado para el diablo y sus ángeles (Mateo 25:31-34, 41).

Es posible que los siete días que la novia y el novio están en la habitación de intimidad en el cielo representen los siete años cuando la Esposa de Cristo no estará en la tierra y que ha sido arrebatada con su Novio.

Es interesante que desde el último de los días de la Fiesta de Trompetas (Coronación/Rosh Hashanah) hasta el día de Yom Kippur (el Día de Expiación) hay siete días.

De acuerdo a la costumbre judía, se abrían tres libros en la Fiesta de Trompetas:

1. El Libro de Vida para los Justos

2. El Libro de Vida para los Injustos

3. El Libro de Vida para los que estaban pendientes en la balanza.

Justo antes de la Fiesta de las Trompetas, la vida y las obras de una persona de todo el año eran evaluadas. Si se consideraba que tal persona era justa, se escribía su nombre en el Libro de Vida para los Justos. Si se determinaba que tal individuo era injusto, entonces se escribía su nombre en el Libro de Vida para los Injustos, y no sobrevivían el año. Si un individuo estaba siendo sopesado en la balanza, entonces el juicio se demoraba hasta Yom Kippur. Esto les daba siete días, 2 desde el final de la Fiesta de Trompetas (Rosh Hashanah) hasta Yom Kippur (El Día de la Expiación) para arrepentirse, alinearse con los caminos de Dios, y causar que el juicio llegara a estar a su favor.

El significado profético del Día de la Expiación tiene que ver con el regreso físico de Cristo a la tierra en gloria, para traer juicio y establecer Su dominio para el gobierno milenario de Cristo con Su Novia. Posiblemente haya simbolismo en cuanto a los libros que se abrían durante Rosh Hashanah. Si consideramos que esto es un paralelo análogo, entonces los que "estaban en la balanza" tendrían siete años durante la gran tribulación para arrepentirse y alinearse, y que el juicio se tornara a su favor para cuando Jesús regrese a la tierra para juzgar y hacer guerra. Si resulta que este es el caso, yo prefiero que mi nombre esté escrito en el Libro de Vida para los Justos en vez de tener que aprovechar la oportunidad de utilizar los siete años para perfeccionarme. ¿Qué de ti?

Entonces vi el cielo abierto; y he aquí un caballo blanco, y el que lo montaba se llamaba Fiel y Verdadero, y con justicia juzga y pelea. Sus ojos eran como llama de fuego, y había en su cabeza muchas diademas; y tenía un nombre escrito que ninguno conocía sino él mismo. Estaba vestido de una ropa teñida en sangre; y su nombre es: EL VERBO DE DIOS. Y los ejércitos celestiales, vestidos de lino finísimo, blanco y limpio, le seguían en caballos blancos. De su boca sale una espada aguda, para herir con ella a las naciones, y él las regirá con vara de hierro; y él pisa el lagar del vino del furor y de la ira del Dios Todopoderoso. Y en su vestidura y en su muslo tiene escrito este nombre: REY DE REYES Y SEÑOR DE SEÑORES" (Apocalipsis 19:11-16).

LA PRESENTACIÓN

En el séptimo día, el padrino del novio esperaba en la puerta del chuppah. El esposo tocaba en la puerta cuando estaban listos. El padrino abría las puertas del chuppah. El novio, ahora con su esposa sin el velo, venía delante de los demás y se presentaban a los dos como marido y mujer delante de los invitados. Desde ese momento en adelante, ellos oficial y públicamente vivían su vida juntos, gobernando y reinando sobre su dominio de influencia y formando una familia.

GOBERNANDO Y REINANDO CON JESÚS PARA SIEMPRE

El pacto matrimonial entre Cristo y Su Esposa es un pacto eterno e inquebrantable. Jesús no tendrá más de una esposa. Se está casando con una Novia que se ha preparado, una Novia que solo tiene ojos para Él. Se está casando con una Novia que no quiere nada en la vida más que conocerlo a Él, vivir íntimamente con Él, estar con Él y servirle para siempre. Él se está casando con una Novia que no ama al mundo ni a las cosas de este mundo. Ella está totalmente separada para Él y solo para Él. Ella ama las cosas que Él ama y odia las cosas que Él odia. Este es el corazón de la Esposa de Cristo. Jesús gobernará y reinará con Su Esposa por toda la eternidad.

¿Cuál es la apariencia de esta Esposa? Ella es pura y santa así como Él es puro y santo. Ella es paciente y bondadosa. Es gentil y mansa. Es sumisa, obediente y llena de valor. Ella es trabajadora e ingeniosa. Ella es fiel y está llena de fe. Ella es más hermosa de lo que se pueda describir y maravillosa en gloria.

Se describe la gloria de la Novia en las Escrituras como la Nueva Jerusalén en el cielo, perfecta en todos los sentidos. Ella baja a la tierra desde el cielo.

Y yo Juan vi la santa ciudad, la nueva Jerusalén, descender del cielo, de Dios, dispuesta como una esposa ataviada para su marido (Apocalipsis 21:2).

Vino entonces a mí uno de los siete ángeles que tenían las siete copas llenas de las siete plagas postreras, y habló conmigo, diciendo: Ven acá, yo te mostraré la desposada, la esposa del Cordero. Y me llevó en el Espíritu a un monte grande y alto, y me mostró la gran ciudad santa de Jerusalén, que descendía del cielo, de Dios, teniendo la gloria de Dios. Y su fulgor era semejante al de una piedra preciosísima, como piedra de jaspe, diáfana como el cristal. Tenía un muro grande y alto con doce puertas; y en las puertas, doce ángeles, y nombres inscritos, que son los de las doce tribus de los hijos de Israel; al oriente tres puertas; al norte tres puertas; al sur tres puertas; al occidente tres puertas. Y el muro de la ciudad tenía doce cimientos, y sobre ellos los doce nombres de los doce apóstoles del Cordero. El que hablaba conmigo tenía una caña de medir, de oro, para medir la ciudad, sus puertas y su muro. La ciudad se halla establecida en cuadro, y su longitud es igual a su anchura; y él midió la ciudad con la caña, doce mil estadios; la longitud, la altura y la anchura de ella son iguales. Y midió su muro, ciento cuarenta y cuatro codos, de medida de hombre, la cual es de ángel. El material de su muro era de jaspe; pero la ciudad era de oro puro, semejante al vidrio limpio; y los cimientos del muro de la ciudad estaban adornados con toda piedra preciosa. El primer cimiento era jaspe; el segundo, zafiro; el tercero, ágata; el cuarto, esmeralda; el quinto, ónice; el sexto, cornalina; el séptimo, crisólito; el octavo, berilo; el noveno, topacio; el décimo, crisopraso; el undécimo, jacinto; el duodécimo, amatista. Las doce puertas eran doce perlas; cada una de las puertas era una perla. Y la calle de la ciudad era de oro puro, transparente como vidrio. Y no vi en ella templo; porque el Señor Dios Todopoderoso es el templo de ella, y el Cordero. La ciudad no tiene necesidad de sol ni de luna que brillen en ella; porque la gloria de Dios la ilumina, y el Cordero es su lumbrera. Y las naciones que hubieren sido salvas andarán a la luz de ella; y los reyes de la tierra traerán su gloria y honor a ella. Sus puertas nunca serán cerradas de día, pues allí no habrá noche. Y llevarán la gloria y la honra de las naciones a ella. No entrará en ella ninguna cosa inmunda, o que hace abominación y mentira, sino solamente los que están inscritos en el libro de la vida del Cordero (Apocalipsis 21:9-27).

LA ESPOSA

LA NATURALEZA Y LAS CARACTERÍSTICAS

DE LA ESPOSA DE CRISTO

1. La Esposa ama a su Esposo con todo su corazón, mente y fuerzas. (Deuteronomio 6:5-6)

2. La Esposa tiene su enfoque y sus afectos exclusivamente en Él y nadie más. (Éxodo 20:3-4)

3. La Esposa es sumisa, mansa, obediente y totalmente entregada a Su Novio (1 Pedro 3:4-6)

4. La Esposa se ha purificado y se ha preparado. (Apocalipsis 19:7)

5. La Esposa produce acciones justas (Apocalipsis 19:8)

6. La Esposa es virtuosa, trabajadora, confiable, valiente, fiel, y temerosa de Dios. (Proverbios 31:10-31)

7. La Esposa busca apasionadamente a Su Novio y está llena de aceite fresco – el Espíritu Santo (Mateo 25:4)

8. La Esposa anhela el regreso de su Esposo y está alerta y vigilante. (1 Juan 3:2-3)

9. La Esposa es gloriosa y no tiene mancha, ni arruga ni cosa semejante. (Efesios 5:22-29)

10. La Esposa es vencedora. (Apocalipsis 2 y 3 – supera los problemas que se presentan en las siete cartas a las siete iglesias.)

¿QUIÉN ES LA ESPOSA?

Hemos leído acerca de la antigua tradición hebrea para las bodas y las Escrituras concernientes a los paralelos análogos a las bodas del Cordero de Dios con Su Esposa. ¿Pero quién exactamente es la Esposa? Sí, la Esposa es la Nueva Jerusalén que sale del cielo, pero, ¿te incluye a ti? ¿Me incluye a mí?

Algunos dicen que la Esposa de Cristo consiste de todos los creyentes. Otros están convencidos de que la Esposa incluye a los judíos que han recibido al Mesías. Algunos creen que la Esposa implica a los cristianos que vivirán durante el tiempo del rapto, mientras que otros están convencidos de que la Esposa es un remanente consagrado dentro del Cuerpo, quienes están esperando el retorno del Señor.

Yo estoy segura de que el Señor quiere que Su Esposa incluya a todos los creyentes; sin embargo, en lo personal no percibo que todos serán incluidos como Su Esposa. Solo Dios conoce el corazón de cada individuo. Él sabe si tu corazón le pertenece totalmente a Él o no. Las Escrituras enseñan claramente que la Esposa de Cristo "se prepara". Su corazón será solo para Él. El enfoque exclusivo de su corazón por Él es la calidad principal de la Esposa.

Mi convicción personal es que la Esposa es un remanente dentro del Cuerpo de Creyentes que está completamente consagrado al Novio y quien es obediente a Su Palabra. Los que están dentro de este remanente se han preparado al cuidar sus corazones con toda diligencia. Lo aman y le sirven en total abandono. Sus motivaciones no son legalistas ni religiosas, y tampoco están atados en su auto-justicia. Viven con este enfoque de entrega total porque lo aman. Creen la verdad acerca de Él y saben que Él es digno y merecedor de su todo. Lo obedecen porque lo aman.

Si me amáis, guardad mis mandamientos (Juan 14:15).

Si guardareis mis mandamientos, permaneceréis en mi amor; así como yo he guardado los mandamientos de mi Padre, y permanezco en su amor. Estas cosas os he hablado, para que mi gozo esté en vosotros, y vuestro gozo sea cumplido. (Juan 15:10-11).

Conozco a muchos que creen que Jesús es Señor, y lo han recibido por fe como su Salvador personal, mas sus corazones están alejados de Él en su diario vivir. Todavía gobiernan sus propias vidas y dan muy poco lugar a los caminos del Señor y su dirección. Intencionalmente siguen en las costumbres pecaminosas que saben que están prohibidas en las Escrituras, y ni siquiera están preocupados por ello. Las iglesias están llenas de personas que ven pornografía, cometen fornicación y adulterio, están involucrados en la homosexualidad, tienen abortos intencionales, se emborrachan, usan drogas, mienten, defraudan y roban. Podemos agregar muchas más prácticas pecaminosas que predominan en las iglesias; incluyendo el orgullo, el chisme, la falta de perdón, la calumnia y la desobediencia a la Gran Comisión, pero ya hemos mencionado lo suficiente para pintar un retrato.

Conozco a muchos cristianos que confiesan que aman y sirven al Señor, sin embargo, aman al mundo y sus lujurias. En los libros de Pablo, el Apóstol de la Gracia constantemente les exhortaba a los creyentes a vivir una vida piadosa y a correr la carrera (de su vida) para ganarse el galardón. Él hablaba del peligro de quedar descalificados. Yo creo que hablaba del premio de ser la Esposa (1 Corintios 9:24-27).

En el libro de Rick Joyner, *La Búsqueda Final*, él visualizó varias posiciones en el cielo que se les asignaban a los creyentes de acuerdo a su devoción y servicio. Todos los que estaban en el cielo estaban felices de estar allí, aun los que estaban apenas en las orillas, pero muchos sentían remordimiento por no haber servido al Señor plenamente durante su tiempo en la tierra. Estaban posicionados por toda la eternidad dependiendo del fruto de sus vidas mientras estuvieron en la tierra.

El corazón de la Esposa es revelado, probado y comprobado mientras ella está en la tierra. Cuando nuestras vidas terminan en la dimensión del tiempo, o si Jesús viene cuando no lo esperamos, ya no hay más oportunidades para obtener nuestro premio. Los premios en la visión de Rick Joyner se describían como posiciones delante del Señor en el cielo. Él vio a muchos muy cerca al Señor en el trono, pero había multitudes muy lejos en la periferia. Los que estaban en la orilla que habían fracasado en obtener "el premio" sentían remordimiento por no haber servido al Señor plenamente en la tierra. No recibían otra oportunidad una vez que hubieran completado su tiempo aquí sobre la tierra.

Pablo entendía la importancia de sembrar su vida para el evangelio mientras estaba aquí en la tierra. Él hablaba del premio eterno.

Hermanos, yo mismo no pretendo haberlo ya alcanzado; pero una cosa hago; olvidando ciertamente lo que queda atrás, y extendiéndome a lo que está delante, prosigo a la meta, al premio del supremo llamamiento de Dios en Cristo Jesús (Filipenses 3:13-14).

Pero sin fe es imposible agradar a Dios; porque es necesario que el que se acerca a Dios crea que le hay, y que es galardonador de los que le buscan (Hebreos 11:6).

Las Escrituras dan instrucciones claras en cuanto a todos los asuntos concernientes a la vida y a la piedad. Hemos de abrazar el consejo completo de Dios. Si lees todas las Escrituras de manera metódica, y crees cada palabra, te transformará y te mantendrá en la verdad. Tu espíritu se regocijará con la verdad, porque el Espíritu y la Palabra están de acuerdo. Lee las siguientes Escrituras cuidadosamente y cree cada palabra. No las leas a la ligera o sin prestarles mucha atención. Estas Escrituras son la Palabra de Dios que te ayudarán a alinearte con Sus caminos y te prepararán para ser Su Novia.

No améis al mundo, ni las cosas que están en el mundo. Si alguno ama al mundo, el amor del

Padre no está en él. Porque todo lo que hay en el mundo, los deseos de la carne, los deseos de los ojos, y la vanagloria de la vida, no proviene del Padre, sino del mundo. Y el mundo pasa, y sus deseos; pero el que hace la voluntad de Dios permanece para siempre (1 Juan 2:15-17).

Porque donde esté vuestro tesoro, allí estará también vuestro corazón. La lámpara del cuerpo es el ojo; así que, si tu ojo es bueno, todo tu cuerpo estará lleno de luz; pero si tu ojo es maligno, todo tu cuerpo estará en tinieblas. Así que, si la luz que en ti hay es tinieblas, ¿cuántas no serán las mismas tinieblas? Ninguno puede servir a dos señores; porque o aborrecerá al uno y amará al otro, o estimará al uno y menospreciará al otro. No podéis servir a Dios y a las riquezas (Mateo 6:21-24).

Dice, pues, el Señor: Porque este pueblo se acerca a mí con su boca, y con sus labios me honra, pero su corazón está lejos de mí, y su temor de mí no es más que un mandamiento de hombres que les ha sido enseñado (Isaías 29:13).

Sobre toda cosa guardada, guarda tu corazón; Porque de él mana la vida (Proverbios 4:23).

¡Oh almas adúlteras! ¿No sabéis que la amistad del mundo es enemistad contra

Dios? Cualquiera, pues, que quiera ser amigo del mundo, se constituye enemigo de Dios (Santiago 4:4).

Pues hablando palabras infladas y vanas, seducen con concupiscencias de la carne y disoluciones a los que verdaderamente habían huido de los que viven en error. Les prometen libertad, y son ellos mismos esclavos de corrupción. Porque el que es vencido por alguno es hecho esclavo del que lo venció. Ciertamente, si habiéndose ellos escapado de las contaminaciones del mundo, por el conocimiento del Señor y Salvador Jesucristo, enredándose otra vez en ellas son vencidos, su postrer estado viene a ser peor que el primero (2 Pedro 2:18-20).

Porque mejor les hubiera sido no haber conocido el camino de la justicia, que después de haberlo conocido, volverse atrás del santo mandamiento que les fue dado. Pero les ha acontecido lo del verdadero proverbio: El perro vuelve a su vómito, y la puerca lavada a revolcarse en el cieno (2 Pedro 2:21-22).

Estas Escrituras no parecen indicar que el Señor está dando la bienvenida a tales seguidores a ser Su Esposa. Pablo, en su carta a la iglesia de Éfeso, describió el paralelo entre el matrimonio de un hombre y una mujer con la relación de Cristo con Su iglesia.

Maridos, amad a vuestras mujeres, así como Cristo amó a la iglesia, y se entregó a sí mismo por ella, para santificarla, habiéndola purificado en el lavamiento del agua por la palabra, a fin de presentársela a sí mismo, una iglesia gloriosa, que no tuviese mancha ni arruga ni cosa semejante, sino que fuese santa y sin mancha (Efesios 5:25-27).

Una Fuerte Convicción de Pecado
Es buena Señal

Las Escrituras claramente dicen, *"Y su esposa se ha preparado"* (Apocalipsis 19:7). No dice que su Padre Celestial la prepara; ni siquiera dice que Su Espíritu Santo. No se nos requiere que logremos nuestra propia perfección ... de hecho, no podemos. Aun nuestros mejores esfuerzos para ser lo suficientemente perfectos para nuestro novio no alcanzarían Su nivel de santidad. Nuestros intentos personales de llegar a ser justos y ganarnos Su favor son producto de una mentalidad religiosa y representan la autojusticia. Jesús es Quien nos santifica y purifica, y nos da Su justicia como un regalo a nosotros. *Pero lo hace cuando nuestros corazones están totalmente comprometidos con Él.*

Él busca los corazones que lo anhelan a Él; a quienes confían en que Él perfeccionará aquello que los atañe a ellos. Nuestra preparación como la esposa comienza con nuestro total enfoque y la postura de nuestros corazones hacia Jesús. La preparación de la Esposa totalmente tiene que ver con el corazón.

Cuando estás consternado y sientes una fuerte convicción de pecado por haber hecho algo malo, es buena señal. Significa que estás incómodo con el pecado y que tu corazón se inclina hacia Dios. Si no lo amaras tanto, probablemente no te preocuparía demasiado si pecaras. Sin embargo, no es benéfico, ni es del Espíritu, hundirte en autocondenación, culpa o vergüenza. La identificación de una santa convicción es buena y nunca debe ignorarse. Permite que la convicción cave profundo.

Recuerdo una ocasión cuando estaba ministrando a una mujer que había cometido adulterio. Yo estaba con ella y su amiga cuando ella confesó. Me quedé en silencio por un momento y luego ella estalló en llanto y dijo, "Me siento tan mal, me siento tan mal". Su amiga inmediatamente comenzó a consolarla y le dijo, "Está bien. No es problema. Dios te ama". Yo respondí, "Por favor, permite que ella sienta el impacto completo de su pecado. Permite que ella sienta el peso de su falta. No la consueles demasiado pronto". Ella había estado en adulterio con una persona por dos años pero no había sentido verdadero remordimiento hasta ese momento. Su aventura amorosa ya había dejado de ser placentera y ella se sentía atrapada, pero sin total arrepentimiento o remordimiento. Al estar llorando y gimiendo, la convicción del Espíritu entró y Su Verdad penetró más y más profundo como una espada a su alma. Ella por fin vio su egoísmo por primera vez. Vio el daño que les había hecho a su esposo, sus hijos, su iglesia, sus amistades, y a ella misma. Vio el dolor que le había causado al hombre con quien había tenido la aventura amorosa, y el dolor que le había causado a su familia. Más importante aún, sintió que había quebrantado el corazón del Señor. Era bueno que ella sintiera y experimentara el impacto completo de su pecado. De esta manera, ella podía recibir todo el impacto de la misericordia de Dios después.

Es importante sentir convicción del pecado y de permitir que el Señor traiga orden y limpieza. De lo contrario, si te sientes cómodo con el pecado y dices, "Pues a Dios realmente no le importa y de todas maneras me ama, así que voy a seguir con mi pecado", entonces te espera un despertar muy fuerte. Esa es una señal de que tu corazón no es de Él. Veamos más Escrituras.

Nuevamente, te exhorto a que tomes tu tiempo y leas cada versículo con mucha sobriedad.

No os engañéis; Dios no puede ser burlado: pues todo lo que el hombre sembrare, eso también segará. Porque el que siembra para su carne, de la carne segará corrupción; mas el que siembra para el Espíritu, del Espíritu segará vida eterna" (Gálatas 6:7-8).

El que venciere heredará todas las cosas, y yo seré su Dios, y él será mi hijo. Pero los cobardes e incrédulos, los abominables y homicidas, los fornicarios y hechiceros, los idólatras y todos los mentirosos tendrán su parte en el lago que arde con fuego y azufre, que es la muerte segunda (Apocalipsis 21:7-8).

Porque algunos hombres han entrado encubiertamente ... hombres impíos, que convierten en libertinaje la gracia de nuestro Dios ... Mas quiero recordaros ... que el Señor, habiendo salvado al pueblo sacándolo de Egipto, después destruyó a los que no creyeron. Y a los ángeles que no guardaron su dignidad, sino que abandonaron su propia morada, los ha guardado bajo oscuridad, en prisiones eternas, para el juicio del gran día; como Sodoma y Gomorra y las ciudades vecinas, las cuales de la misma manera que aquéllos, habiendo fornicado e ido en pos de vicios contra naturaleza, fueron puestas por ejemplo, sufriendo el castigo del fuego eterno ... De éstos también profetizó Enoc, séptimo desde Adán, diciendo: He aquí, vino el Señor con sus santas decenas de millares, para hacer juicio contra todos, y dejar convictos a todos los impíos de todas sus obras impías que han hecho impíamente, y de todas las cosas duras que los pecadores impíos han hablado contra él. Estos son murmuradores, querellosos, que andan según sus propios deseos, cuya boca habla cosas infladas, adulando a las personas para sacar provecho" (Judas 1:4-7, 14-16).

Pero vosotros, amados, tened memoria de las palabras que antes fueron dichas por los apóstoles de nuestro Señor Jesucristo; los que os decían: En el postrer tiempo habrá burladores, que andarán según sus malvados deseos. Estos son los que causan divisiones; los sensuales, que no tienen al Espíritu. (Judas 1:17-19).

No sabéis que los injustos no heredarán el reino de Dios? No erréis; ni los fornicarios, ni los idólatras, ni los adúlteros, ni los afeminados, ni los que se echan con varones, ni los ladrones, ni los avaros, ni los borrachos, ni los maldicientes, ni los estafadores, heredarán el reino de Dios (1 Corintios 6:9-10).

Porque sabéis esto, que ningún fornicario, o inmundo, o avaro, que es idólatra, tiene herencia en el reino de Cristo y de Dios. Nadie os engañe con palabras vanas, porque por estas cosas viene la ira de Dios sobre los hijos de desobediencia. (Efesios 5:5-6).

Y esta es la condenación: que la luz vino al mundo, y los hombres amaron más las tinieblas que la luz, porque sus obras eran malas. Porque todo aquel que hace lo malo, aborrece la luz y no viene a la luz, para que sus obras no sean reprendidas. Mas el que practica la verdad viene a la luz, para que sea manifiesto que sus obras son hechas en Dios (Juan 3:19-21).

No todo el que me dice: Señor, Señor, entrará en el reino de los cielos, sino el que hace la voluntad de mi Padre que está en los cielos. Muchos me dirán en aquel día: Señor, Señor, ¿no profetizamos en tu nombre, y en tu nombre echamos fuera demonios, y en tu nombre hicimos muchos milagros? Y entonces les declararé: Nunca os conocí; apartaos de mí, hacedores de maldad (Mateo 7: 21-23).

Sin Temor

La Esposa no está llena de temor tratando desesperadamente de no pecar. Es más, ella en ningún sentido está desmesuradamente consciente del pecado. Ella está enfocada en la justicia y en el amor que ella tiene por su Novio. Ella no lucha. Ella está en descanso. Ella está enamorada y consumida con amor.

Imagina a una mujer involucrada con un hombre que está locamente enamorado de ella. Ella lo ama y admira, pero durante todo el día lucha con el temor. Se pregunta, *¿Qué si me siento sexualmente atraída hacia otro hombre y no le soy fiel a mi prometido? ¿Qué voy a hacer?*

Pensamientos llenos de temor como estos ni siquiera le entran a la mente de alguien que está enamorado. El amor perfecto echa fuera el temor.

Algunos temen no ser lo suficientemente buenos o perfectos para Jesús. Recuerda, fuiste escogido por tu Padre Celestial para ser la Esposa de Su Hijo. Él no te escogió porque eres perfecto. Te escogió porque te ama. Cuando entregas tu vida a Cristo, ¡Él te cambia desde adentro hacia afuera!

La Esposa de Cristo no está llena de temor y autoesfuerzo. El amor del Novio por ella fluye de puro gozo y expectación. Ella piensa en su Novio durante todo el día pero no porque tenga que hacerlo a fuerzas. Ella es libre de toda la presión legalista. Ella sirve y obedece al Señor porque lo ama.

PREPÁRATE

"Su esposa se ha preparado"

(Apocalipsis 19:7).

1. **Para ser la Esposa de Cristo, necesitas nacer de nuevo (Juan 3:4-18).**

   Invita a Jesucristo a entrar a tu corazón y ser tu Salvador personal y Señor. Pídele que te perdone tus pecados y que té de una nueva vida en Él. Somos salvos por gracia por medio de la fe y no por obras (Efesios 2:8). Cree que Jesús es Señor y recíbelo personalmente por medio de tu fe. Él entonces comenzará a hacer una obra dentro de ti. Él es quien produce en ti tanto el querer como el hacer para que se cumpla su buena voluntad (Filipenses 2:13). Él es el autor y el consumador de tu fe (Hebreos 12:2).

2. **Dedica todo tu ser (espíritu, alma y cuerpo) a Él.**

   Así es como te apartas para ser la Esposa. Cuando haces esto, escoges vivir solo para Él y Él cuidará de ti. Este proceso de dedicación y consagración no es meramente una oración que se hace en una sola ocasión sino un compromiso diario que se hace en tu corazón con gozo. Recuérdate frecuentemente cuando te levantas, durante tu día y cuando te acuestas en la noche, que tu vida le pertenece a Él y solo a Él (1 Tesalonicenses 5:5).

3. **Sé lleno del Espíritu Santo.**

El Espíritu Santo es tu Ayudador para prepararte como la Esposa de Cristo. Él te dará todo lo que te falta y te enseñará todo lo que necesitas conocer. El aceite en las Escrituras representa al Espíritu Santo y Su unción. La presencia del Espíritu Santo te da aceite fresco para tu lámpara (Hechos 1:8; Juan 14:16-17; 16:18-15; Efesios 5:18-10).

4. **Invita al Señor para que te convenza de tu pecado y que purifique tu corazón para que seas santo así como Él es santo.**

Arrepiéntete de todo pecado no confesado y recibe perdón. Él te hará santo en todo tu comportamiento y tus acciones cuando se lo pidas con sincero deseo y fe. Su gracia está disponible para influir en ti para que seas igual a Él (Mateo 5:48).

5. **Abstente de toda forma de mal.**

Haz elecciones por Él cada día. Vive con una perspectiva eterna (1 Tesalonicenses 5:21-22). Pide al Señor que te guarde de toda tentación y que te libre del mal (Mateo 6:13).

6. Lee la Palabra continuamente.

Las Escrituras harán que seas sabio y serán una lámpara a tus pies y luz a tu camino. Invita al Espíritu Santo a revelarte el corazón del Novio por medio de las Escrituras. Es Su carta de amor para ti (Salmo 119:105).

7. Por fe ten comunión constante con el Novio y acércate a Él.

Adóralo. Escúchale hablar. Por fe recibe mayores medidas de Su tierno amor por ti cada día (Cantares 2:16). Satúrate de Su amor. Lo amamos porque Él nos amó primero (1 Juan 4:19). Toma tiempo para meditar en ese amor. Bebe profundamente de Su amor por ti (Juan 7:37).

8. Haz buenas obras.

Este es el fruto de tu amor y fe (Santiago 2:18-20).

9. Identifícate como la Esposa de Cristo de quien Él está locamente enamorado.

Si piensas como una esposa, actuarás como una esposa. Como piensa el hombre en su corazón, tal es él (Proverbios 23:7).

10. Espera con gran anticipación Su regreso.

Cuando tienes esa gran expectativa te mantienes puro, así como él es puro. (1 Juan 3:2-3)

¿Estás preparado?

Pronto y muy pronto veremos al Rey. Todas las señales están en su lugar y Jesús podría regresar por Su Esposa en cualquier momento. ¿Estás listo? Recuerda, la Esposa se prepara. Nadie puede hacerlo por ti. Tú eres quien escoge enfocar tu corazón totalmente en Él. Si este es tu deseo, entonces Él te empoderará con gran gracia para lograr aquello que te atañe. Él se deleita en darte los deseos de tu corazón (Salmo 37:4).

Él te ama tan profundamente y tiene tanta expectativa de tenerte con Él como Su Esposa para siempre. Él pagó un precio extravagante por ti. Firmó un convenio de Sus promesas con Su propia sangre por ti. Él ahora está preparando la habitación matrimonial para ti.

No queda mucho tiempo. Haz que cuente cada momento. Las elecciones que haces ahora determinan muchas cosas en tu futuro eterno. ¿Qué es importante para ti ahora? Esas son las cosas a las cuales te entregarás. Vive con la eternidad en tu corazón. Las elecciones determinan tu camino y los resultados en tu vida.

Jacob y Esaú fueron dos hermanos en el Antiguo Testamento. Esaú era el que había de ser del linaje de Cristo pero vendió su primogenitura como el hijo mayor por una sola comida (Génesis 25:27-34). Como resultado, Jacob ocupó ese lugar y su nombre está escrito en la genealogía de Cristo en vez del nombre de

Esaú. Si Esaú no hubiera vendido su primogenitura por un plato de lentejas, en vez de leerse "Abraham, Isaac y Jacob" leeríamos "Abraham, Isaac y Esaú" (Mateo 1:2). Jacob anhelaba la primogenitura y la persiguió exitosamente. A Esaú no le importaba. Le preocupaba más que su estómago se sintiera bien por el momento. Como resultado de la falta de amor de Esaú por su eterno destino y propósito, Dios dijo, "a Jacob lo he amado, pero a Esaú lo he aborrecido" (Malaquías 1:2-3 RVC). Como Jacob, el corazón de la novia apasionadamente persigue y abraza el llamado, y, como resultado, se convierte en la escogida. El Señor ama a la Esposa, porque sus afectos son para Él.

La cena del Cordero pronto tomará lugar y tú, amado, has sido llamado a esta celebración como Su Esposa gloriosa.

En la cena habrá muchos invitados, padrinos, y la Esposa y el Novio – todos invitados por el Padre. Las Escrituras dicen que es una bendición ser "invitado" – pero, qué privilegio ser la Esposa y no meramente un invitado.

Entonces el ángel me dijo: "Escribe: "Bienaventurados los que han sido invitados a la cena de las bodas del Cordero."" Y también me dijo: "Éstas son palabras verdaderas de Dios. (Apocalipsis 19:9).

Que disfrutes de ser lleno de nuevo con Su excelente gracia y bondad en esta hora de preparación. Que la fragancia de tu amor por el Novio sea lo que te aparte totalmente para Él. Que estés totalmente vestido en Su gloria y en Su amor en esta hora. Levántate y resplandece, amada Esposa del Rey de Reyes. ¡TÚ eres SU premio!

El Espíritu y la Esposa dicen: "¡Ven!"

Apocalipsis 22:17

¡Maranata!

(Oh Señor, Ven)

BIBLIOGRAFÍA

Recursos Investigados en el Internet

(En inglés)

The Blue Letter Bible (Traducciones de la Biblia, Léxicos, Commentarios)
www.blueletterbible.org

The Wedding Ceremony of the Ancient Jews

www.laydownlife.net

Ancient Jewish Wedding Ceremony by Tara Hart
www.thetruthconnection.com

Jewish Marriage Customs by Dr. Renald Showers
www.biblestudymanuals.net/jewish_marriage_customs.htm

Yom Kippur
www.christcenteredmall.com

Feast of Trumpets/Rosh Hashanna
www.bibleprophecy.org

Ancient Jewish Wedding Customs
www.focusonjerusalem.com

Feast of Trumpets
www.bibleprophecy.org

Days of Awe, Judaism 101
www.jewfaq.org

Chuppah, Wikipedia
www.wikipedia.org

Tribulation, Wikipedia
www.wikipedia.org

Jewish Views of Marriage, Wikipedia
www.wikipedia.org

The Evolution of Marriage: Ancient by Hayyim Schauss
www.myjewishlearning.com

Like a Thief in the Night by Jennifer Rast
www.millmag.org

A Fresh Look at the Jewish Wedding
www.mayimhayim.org

Will Christians Go Through the Great Tribulation? by Rich
Deem
www.godandscience.org

ACERCA DE PATRICIA KING

Patricia King es una ministra del evangelio altamente respetada a nivel internacional. Ha servido fielmente al Señor por más de treinta años en diferentes capacidades, como conferencista, profeta, pastora, autora, maestra, y anfitriona de programas de televisión. Ella es fundadora de Patricia King Ministries, Women in Ministries Network – una red que celebra a las mujeres que sirven en cualquier área de ministerio dentro de las siete montañas (esferas) de influencia – y es co-fundadora de XPmedia.com – un sitio de internet que ofrece gran diversidad de videos con mensajes, enseñanzas, palabras proféticas, etc. por parte de ministros y otras voces reconocidas con alcance mundial. Además, ha escrito muchos libros, producido CDs y DVDs, y es anitriona del programa de televisión "Patricia King— Supernatural Life" ("Vida Sobrenatural").

Conexiones:

Sitio web Patricia King: PatriciaKing.com

Facebook: Facebook.com/PatriciaKingPage

Patricia King Institute: PatriciaKingInstitute.com

Women on the Frontlines y Women in Ministry Network: Woflglobal.com

Programa de televisión Patricia King – Everlasting Love y muchos otros videos: XPmedia.com

LIBROS DE PATRICIA KING EN ESPAÑOL

Desenmascarada: La Hechicería en la Iglesia
Una Alerta Profética
Descubre las estrategias del enemigo para atacar a la iglesia. Sobre todo, aprende de la autoridad y el poder que Dios nos ha dado sobre las obras del enemigo y las armas poderosas que nos ha dado para vencerlo.

Bendecido para Bendecir
Activa la Unción Divina de Benefactor en Tu Vida
Principios sólidos para experimentar bendición en tu propia vida en mayor medida y luego apropiarte de tu llamado a ser benefactor para bendecir a otros.

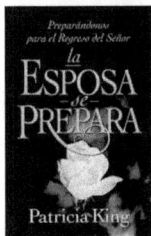

La Esposa Se Prepara
Preparándonos para el Regreso del Señor
Nuestro Padre Celestial ha escogido a una esposa muy especial para Su Hijo amado – ¡tú! Descubre cómo prepararte.

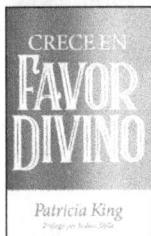

Crece en Favor Divino
¡Toma un Giro hacia el Éxito y la Bendición!
Enseñanza poderosa en cuanto a cómo puedes caminar en la plenitud del favor que Dios quiere para ti.

Crea Tu Mundo
Activa el poder que Dios ha dado para crear esferas y atmósferas.
Descubre los 12 poderes que Dios te ha dado para crear un mundo asombroso para ti –lleno de propósito, bendición y satisfacción.

LIBROS DE PATRICIA KING EN ESPAÑOL

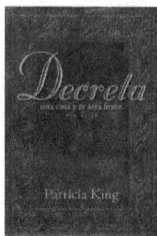

Decreta – *una cosa y será establecida.*
Decretos basados en la Biblia sobre favor, salud, prosperidad, victoria, ministerio, sabiduría, familia, y muchos más.

7 Decretos para 7 Días
Decretos diarios en las áreas de Dios, sabiduría, bendición, favor, protección, salud, y provisión financiera

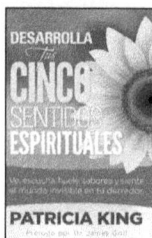

Desarrolla Tus Cinco Sentidos Espirituales – Ve, escucha, huele, saborea y siente el mundo invisible en tu derredor

La Unción de Reabastecimiento
Revelación y claves para vivir en aumento sobrenatural

La Buena Vida – Claves para vivir la vida plena, próspera, y llena de propósito para la cual fuiste creado.

Sueñe en Grande
Cómo la segunda mitad de la vida puede ser la mejor

La Revolución Espiritual
Visitaciones angelicales, sueños proféticos, visiones y milagros

La Luz Pertenece a las Tinieblas
Encuentre su lugar en la cosecha divina en el final de los tiempos

Adquiérelos en Patriciaking.com y Amazon.com

Consiga este libro y todos los libros en
español de Patricia King en:
Amazon.com
Sus libros en inglés se encuentran en
Patriciaking.com

Este libro es publicación de
Patricia King Enterprises (PKE)

Patricia King Enterprises

www.ingramcontent.com/pod-product-compliance
Lightning Source LLC
Chambersburg PA
CBHW060422050426
42449CB00009B/2090